CANTIQUES
MAÇONNIQUES

PAR

LE F∴ F∴-T∴ JOUENNE

Imprimés par ordre de la R∴ ☐ de Thémis

SUIVIS D'UN

APPENDICE

ET D'UN

ESSAI HISTORIQUE SUR LA FRANC-MAÇONNERIE A CAEN

Cinquième Édition

O∴ DE CAEN

IMPRIMERIE EUGÈNE POISSON

AN DE LA V∴ L∴ 5859

CANTIQUES MAÇONNIQUES.

CANTIQUES
MAÇONNIQUES

PAR

LE F∴ F∴-T∴ JOUENNE

Imprimés par ordre de la R∴ ⬜ de Thémis

SUIVIS D'UN

APPENDICE

ET D'UN

ESSAI HISTORIQUE SUR LA FRANC-MAÇONNERIE A CAEN

Cinquième Édition.

O∴ DE CAEN
IMPRIMERIE EUGÈNE POISSON

—

AN DE LA V∴ L∴ 5859

Les diverses éditions des Cantiques Maç∴ du
F∴ Jouenne, qui ont jeté une si vive L∴ sur la
☐ de St-Jean de Thémis, O∴ de Caen, sont épui-
sées depuis longtemps. Non-seulement les membres de la ☐ désiraient une réimpresssion de
cette œuvre d'un F∴ regretté, mais encore elle
était demandée par l'O∴ de Fr∴ tout entier.

Pour répondre à ce vœu unanime, la R∴ ☐,
dans sa ten∴ du 14ᵉ j∴ du 2ᵉ m∴ de l'an de la
v∴ l∴ 5858, présidée par le F∴ Berjot, Vén∴, a
décidé qu'une cinquième édition des Cantiques
Maç∴ de Jouenne serait imprimée aux frais de
la ☐, et a chargé les FF∴ Thierry, 1ᵉʳ sur∴, Lamoureux père, 2ᵉ sur∴, Lamoureux fils, or∴, et
Renard, sec∴, de diriger cette réimpression, à laquelle devaient être ajoutés un cantique inédit du
F∴ Jouenne, et, en appendice, les autres cantiques adoptés par la ☐, ainsi qu'un Essai historique sur la Maç∴ Caennaise.

Aujourd'hui la commission remplit la tâche qui
lui a été confiée. Puisse cette nouvelle pierre
qu'elle apporte sur le chantier, servir à la conso-
lidation du Temple élevé à la gl∴ du G∴ A∴ de
l'Un∴ !

O∴ de Caen, 24ᵉ j∴ du 1ᵉʳ m∴
de la 2ᵉ Kal∴ de l'an 5859
de la V∴ L∴, J∴ St-J∴.

NOTICE

SUR LE

F∴ THÉODORE JOUENNE.

Les peuples et les villes élèvent des statues aux hommes qui les ont illustrés ou qui leur ont rendu des services. Mais il est un monument plus impérissable que le marbre ou le bronze, c'est la mémoire d'un frère utile et bien-aimé, conservée dans le cœur d'un Vr∴ Maç∴.. Quinze ans se sont écoulés depuis la mort du F∴ Jouenne, et nous gardons encore le souvenir de ses vertus, et nous répétons toujours ses refrains, où son âme s'est reflétée tout entière.

François-Théodore JOUENNE naquit à Caen, le 6 novembre 1785.

A l'âge de six ans, une maladie longue et douloureuse faillit l'emporter. On ne le sauva que par une sorte de miracle; mais si son intelligence ne reçut aucune atteinte, son corps resta paralysé.

« Exilé de la vie active, a dit un de nos frères[1], « il se réfugia dans la vie de l'âme. »

Il fit, en effet, de bonnes études, d'abord dans un pensionnat près de Vire, ensuite dans sa ville natale, sous le professeur Dautresme, qui a laissé un nom comme grammairien. La douceur de caractère du jeune Jouenne vainquit aisément

---

[1] Le F∴ Delise, Or∴ de la ⊐ en 1847.

la malveillance innée chez les enfants, qui les
porte à tourmenter leurs compagnons infirmes ;
et ses anciens camarades, aujourd'hui devenus
vieux, se rappellent encore qu'ils se disputaient
à l'envi, lors des distributions de prix, le plaisir
de le porter jusqu'à l'estrade pour y recevoir les
récompenses qu'il avait méritées.

A l'âge de seize ans, Jouenne avait terminé ses
classes. Il manifesta le désir de se faire inter-
prète, et son père, cédant à son goût pour les
voyages, consentit à le laisser partir. Il s'embar-
qua à Cherbourg et se rendit à Malaga, où il sé-
journa un an. De là, il fit route pour Stockholm,
et pendant six années consécutives qu'il y demeu-
ra, il se perfectionna dans la connaissance des
langues du Nord : l'anglais, l'allemand, le russe
et le suédois lui devinrent familiers. Il se créa en
outre des relations avec les meilleures familles du
pays, qui longtemps après sa rentrée en France
entretinrent avec lui une correspondance suivie

et plus d'une fois cherchèrent à le rappeler auprès d'elles.

La mort de son père fit revenir Jouenne en Normandie. Sa mère était seule à la tête d'affaires considérables ; elle avait besoin de l'aide de son fils, il se pressa d accourir.

Ce fut vers cette époque que le F∴ Jouenne reçut la L∴, et qu'il fut affilié à la R∴ ⊐ de Saint-Jean de Thémis. Ses premiers cantiques ne parurent toutefois qu'en 1819, sept ans après son retour. Imprimés successivement par ordre de la ⊐, ils furent réunis pour la première fois en 1821. Ils eurent un grand retentissement, et nous pouvons dire qu'ils furent remarqués même dans ce temps où les Désaugiers, les Béranger, les Debraux, avaient fait de la chanson une puissance. Réimprimés en 1827 et 1842, ils n'ont rien perdu de leur valeur et sont devenus classiques, dans tout l'O∴ de France.

Cependant, malgré l'intelligence et le dévouement de Jouenne, malgré l'activité de sa sœur bien-aimée, des revers de fortune accablants vinrent frapper sa mère.

Jouenne était libre de sauver sa fortune ; il pouvait, en s'isolant, conserver une position indépendante, il n'avait pris aucun engagement, mais les créanciers de sa mère n'eussent pas été soldés.

Le Vr.·. Maç.·. se montra tout entier.

« A une époque, dit le F.·. Delise, que nous
« avons déjà cité, où tant de scandaleux dé-
« sastres prouvent avec quelle avidité ceux de
« qui la société attend l'exemple, sacrifient et
« le respect d'eux-mêmes et leur honneur aux
« convoitises de la fortune, il est bon et conso-
« lant de s'arrêter un instant sur l'exemple de cet
« homme de bien, qui, malade, trop âgé pour
« tenter une nouvelle carrière, abandonna tout
« ce qu'il possédait à l'honneur de la famille. »

Jouenne était riche, si l'on considère ses goûts

modestes ; il devint pauvre pour payer une dette qui n'était pas sienne.

Le calme du repos, la douce aisance que réclamaient son âge et ses infirmités, tout fut sacrifié, et les dettes de sa mère furent payées.

Le malheur trouva Jouenne calme et résigné ; il avait pour lui la vraie philosophie, la sage et ferme résignation. Il ne fut point accablé, son âme au contraire sembla se retremper de nouveau pour supporter les coups de l'adversité. L'amitié de ses FF∴ de Thémis le suivit d'ailleurs dans la retraite qu'il avait choisie au petit village d'Étaveaux, près Caen ; aucun d'eux ne l'abandonna, et il s'éteignit doucement sans souffrance, comme meurt l'homme de bien, le 10 août 1844, peu de jours après avoir assisté à une des T∴ solennelles de la ▭ à laquelle il avait voué toute son affection.

Outre ses Cantiques Maç∴, Jouenne a laissé en manuscrit des travaux profanes, dont plusieurs, bien qu'ils aient perdu leur caractère d'actualité, mériteraient de voir le jour.

Le 29 juin 1847, la ⸎ de Thémis convoquait les FF.·. de l'At.·. et adressait des invitations à tous les maç.·. connus dans la Val.·., pour assister à la consécration d'un monument élevé à Étaveaux sur la dépouille mortelle du F.·. Jouenne. L'une des faces du tombeau présente sur une plaque de bronze cette simple inscription :

A

F.·. T.·. JOUENNE

MORT

LE 10 AOUT 1844

SES

FRÈRES DE THÉMIS

La face opposée retrace cette pensée de sublime élévation du F.·. Jouenne vers le G.·. A.·. de l'Un.·. :

De l'Univers créateur incréé,
Daigne en ce jour recevoir notre hommage.
Tu remplis tout de ton immensité,
Mais ton vrai Temple est dans le cœur du Sage.

C'est avoir honoré une seconde fois la mémoire de Jouenne que d'avoir reproduit sur sa tombe ces vers qui résument la croyance de toute sa vie.

Le F∴ A∴ D∴ T∴

CANTIQUES.

CANTIQUE Ier.

Musique de Plantade.

Buvons, chantons, en ce jour d'allégresse
Où la gaîté s'allie à nos travaux ;
Buvons, chantons, et qu'une heureuse ivresse,
Sans les troubler, échauffe nos cerveaux.

Buvons d'abord à nos divins mystères,

2

Foyer sacré des plus pures lumières,

Dont les rayons, à grands flots répandus,

En traits de feu nous peignent les vertus :

Buvons, chantons, en ce jour d'allégresse

Où la gaité s'allie à nos travaux ;

Buvons, chantons, et qu'une heureuse ivresse,

Sans les troubler, échauffe nos cerveaux.

Buvons encor à tous ceux de nos frères

Qui de la vie éprouvent les misères ;

Que l'Éternel, de sa puissante main,

Fasse sur eux luire un jour plus serein :

Buvons, chantons, en ce jour d'allégresse

Où la gaîté s'allie à nos travaux ;

Buvons, chantons, et qu'une heureuse ivresse,

Sans les troubler, échauffe nos cerveaux.

Buvons aussi, buvons à la Patrie,

Que souille, hélas ! une race flétrie....

De ce fléau, frères, délivrons-la ;

Oui, guerre à mort aux fils de Loyola :

Buvons, chantons, en ce jour d'allégresse

Où la gaîté s'allie à nos travaux ;

Buvons, chantons, et qu'une heureuse ivresse,

Sans les troubler, échauffe nos cerveaux.

Buvons surtout au saint nœud qui nous lie,

A l'Amitié (1), sœur aimable et chérie,
Dont les enfants, par un charme divin,
Ont de Thémis (2) embelli le festin :

Buvons, chantons, en ce jour d'allégresse
Où la gaîté s'allie à nos travaux ;
Buvons, chantons, et qu'une heureuse ivresse,
Sans les troubler, échauffe nos cerveaux.

(1) La R∴ ☐ de la Constante Amitié, à l'O∴ de Caen.
(2) Titre distinctif de la R∴ ☐ dont l'auteur est membre.

CANTIQUE II.

Air : Elle aime à rire, elle aime à boire.

Ah! combien mon âme est ravie!
En ce jour saint et solennel,
Je bois au banquet fraternel
L'oubli des peines de la vie :

Non, des plaisirs aussi parfaits

Ne sont pas connus du Vulgaire ;
Pour lui c'est un profond mystère
Qu'il ne pénétrera jamais.

} (4 fois.)

Que les voûtes de cette enceinte
Retentissent de nos accords !
Ici nos sublimes transports
Peuvent s'exhaler sans contrainte :

Non, des plaisirs aussi parfaits
Ne sont pas connus du Vulgaire ;
Pour lui c'est un profond mystère
Qu'il ne pénétrera jamais.

} (4 fois.)

Qu'ailleurs on encense, on révère,

Et l'orgueil et la vanité ;

Le titre le plus respecté,

Ici, c'est le titre de Frère :

Non, des plaisirs aussi parfaits

Ne sont pas connus du Vulgaire :

Pour lui c'est un profond mystère   )

Qu'il ne pénétrera jamais.   )   (4 *fois.*)

Toi qui veux asservir la terre,

Nous craignons peu tes escadrons ;

Nous avons, avec nos Caxons,

Conquis l'un et l'autre hémisphère :

Non, des plaisirs aussi parfaits
Ne sont pas connus du Vulgaire ;
Pour lui c'est un profond mystère   }
Qu'il ne pénétrera jamais.   }   (4 *fois.*)

Il est une aimable Déesse
Qui dans nos jeux est de moitié,
La douce et Constante-Amitié (1)
Vient partager notre allégresse :

Non, des plaisirs aussi parfaits
Ne sont pas connus du Vulgaire ;
Pour lui c'est un profond mystère   }
Qu'il ne pénétrera jamais.   }   (4 *fois.*)

(1) Titre distinctif d'une des 🙰🙰 🙰🙰 à l'O∴ de Caen.

CANTIQUE III.

Air du vaudeville de M. Guillaume.

Fille des Cieux, toi qui tiens la balance
Où sont pesés les petits et les grands,
Effroi du crime, appui de l'innocence,
Daigne, ô THÉMIS, animer nos accents !   *(bis.*
Pour vivre heureux sous ton aimable empire,
Fuyant le vice et la corruption.

Pour pratiquer les vertus qu'on admire,
    Il faut être Maçon.   (*bis*)

On ne voit pas les fils de la Lumière
Aux préjugés rendre un culte honteux ;
Le faux éclat d'une gloire éphémère,
Pour les séduire, en vain brille à leurs yeux : (*bis.*)
La douce paix, ce charme de la vie,
L'Humanité, l'Honneur et la Raison,
Voilà les Dieux auxquels on sacrifie
    Lorsqu'on est Franc-Maçon.   (*bis.*)

A ce banquet, où règne l'allégresse,

On voit siéger la sainte Égalité :

Le vain Orgueil, enfant de la Richesse,

Sous ces lambris n'a jamais habité :   (bis.)

Ivre de joie en ces instants propices,

Le cœur se livre au plus tendre abandon !

De l'amitié qui connaît les délices

       Mieux qu'un parfait Maçon ?   (bis.)

Durant ces jours où la terre alarmée

Retentissait sous le choc des combats,

Nos preux alors lassaient la Renommée,

Et pour la France affrontaient le trépas !!!   (bis.)

De la valeur magnanimes modèles,

Ils sont tombés en illustrant leurs noms....

A leur pays dévoués et fidèles,

       Voilà les vrais Maçons.   (bis.)

CANTIQUE IV.

Air : Crois-moi, plante du raisin.

D'une Sœur (1) à jamais chère
Nous recevons en ce jour
Une marque bien sincère
De dévouement et d'amour :

La R∴ ⸬ de la Constante Amitié, O∴ de Caen.

Avec un parfait ensemble,

Célébrons à l'unisson

Cet instant qui nous rassemble

Et la paix et l'union,

Vrais trésors d'un Franc-Maçon.   *(ter.)*

Loin du profane Vulgaire,

Loin des plaisirs corrompus,

Cet auguste sanctuaire

Est l'asile des vertus :

D'un bonheur calme et durable

Le Ciel nous fit l'heureux don ;

L'amour de notre semblable

Est la seule passion

Que connaisse un Franc-Maçon.   *ter.*

Quand, jouet du vain caprice
D'un destin trop rigoureux,
Tu déplores l'injustice
Et des Hommes et des Dieux ;
Si, touché de ta misère,
Un mortel sensible et bon
T'offre un secours salutaire :
A cette noble action
Reconnais un Franc-Maçon.   (ter.)

Souvent, pour une chimère,
Nous voyons un furieux

Qui d'assassiner un frère
Se fait un devoir affreux !!!
Il n'entend point la nature,
Il est sourd à la raison....
Mais se venger d'une injure
Par un généreux pardon
Est le fait d'un Franc-Maçon.   (*ter.*)

Une douce jouissance
Remplit nos cœurs satisfaits,
Et Bacchus par sa présence
Vient animer nos banquets ;
Mais un arrêt trop sévère
En a banni Cupidon....
Et cependant à Cythère

Pour faire une invasion
Il n'est qu'un vrai Franc-Maçon.   *(ter.)*

CANTIQUE V.

Air : Déguisez-vous.

Cœurs généreux et charitables,
Vous qui de chérir vos semblables
Vous faites un devoir bien doux,
  Entrez chez nous :   (bis.)
Fiers favoris de la richesse,
Si vos frères, dans la détresse,

Réclament en vain vos bienfaits,
Ici n'entrez jamais.   (*bis.*)

Vous qui, méprisant une offense,
Étouffez en vous la vengeance
Et calmez un juste courroux,
     Entrez chez nous :   (*bis.*)
Mais vous qui, poursuivant un frère,
Assouvissez votre colère
Par le plus affreux des forfaits,
     Ici n'entrez jamais.   (*bis.*)

Mortels dont l'âme peu commune,

Se retrempe par l'infortune,
Et du destin brave les coups,
  Entrez chez nous :   (bis.)
Vous qu'un faible revers accable,
Pour qui le jour n'est supportable
Qu'au sein des plus brillants succès,
  Ici n'entrez jamais   (bis.)

Vous qui, d'une origine illustre,
En augmentez encor le lustre
Par des travaux dignes de vous.
  Entrez chez nous :   (bis.)
Vous chez qui le nom, la naissance,
Semblent des titres d'insolence,
Et qui nous croyez vos sujets,
  Ici n'entrez jamais.   (bis.)

Vous qui pour servir la Patrie
Donneriez cent fois votre vie,
Et feriez encor des jaloux,
     Entrez chez nous :   (*bis.*)
Vous, dont l'âme basse et cupide
Croirait un ennemi perfide
Et seconderait ses projets,
     Ici n'entrez jamais.   (*bis.*)

CANTIQUE VI.

Musique du F.·. Constantin LONGUET, notée n° 1.

Un feu divin a pénétré mes sens,

Et sous mes doigts déjà frémit ma Lyre !

Enfants d'HIRAM, secondez mes accents,

Et partagez mon sublime délire.

Chantons, portons jusques aux Cieux

Le tribut d'un amour sincère,
Et plaignons celui dont les yeux
Restent fermés à la Lumière.

De l'Univers Créateur incréé,
Daigne en ce jour recevoir notre hommage ;
Tu remplis tout de ton immensité !
Mais ton vrai Temple est dans le cœur du Sage.

Chantons, portons jusques aux Cieux
Le tribut d'un amour sincère,
Et plaignons celui dont les yeux
Restent fermés à la Lumière.

Égalité, dont la puissante voix
Dans tout mortel nous dit d'aimer un frère ;
Égalité ! sous tes divines lois
L'homme reprend sa dignité première.

Chantons, portons jusques aux Cieux
Le tribut d'un amour sincère,
Et plaignons celui dont les yeux
Restent fermés à la Lumière.

Foulons aux pieds d'absurdes préjugés ;
Mais honorons la Vertu, le Génie,
Et que par nous les talents soient vengés
Des traits du Sot et de la Calomnie.

Chantons, portons jusques aux Cieux
Le tribut d'un amour sincère,
Et plaignons celui dont les yeux
Restent fermés à la Lumière.

Présent des Cieux, ô sainte Liberté,
Toi que l'Impie a souvent méconnue,
Par les Maçons ton culte est respecté,
Leur encens fume au pied de ta statue.

Chantons, portons jusques aux Cieux
Le tribut d'un amour sincère,
Et plaignons celui dont les yeux
Restent fermés à la Lumière.

Infortunés, qui d'erreurs en erreurs
Marchez sans but dans une nuit profonde!
Sur nos Autels venez ouvrir vos cœurs
Aux doux rayons d'une flamme féconde.

Chantons, portons jusques aux Cieux
Le tribut d'un amour sincère,
Et plaignons celui dont les yeux
Restent fermés à la LUMIÈRE.

CANTIQUE VII.

CHANTÉ PAR LE F∴ GARD∴ DES∴ P∴.

Air : Prenons d'abord l'air bien méchant.

Frères, je voulais en ce jour,
Cédant au transport qui m'inspire,
Prouver que je tiens tour-à-tour
Ou la hallebarde ou la lyre ;

J'allais invoquer Apollon,

Lorsqu'il m'a dit d'une voix forte :

Au lieu de faire une chanson,   (*bis.*)

Crois-moi, reste à garder ta PORTE.   (*bis.*)

En vain je voudrais exprimer

Combien mon chagrin est extrême,

Me voyant contraint à rimer

En dépit d'Apollon lui-même !

Je ne vise point au succès,

Chanter est tout ce qui m'importe :

Veuillez écouter mes couplets,   (*bis.*)

Mais qu'ils ne passent pas la porte.   (*bis.*)

Ce mortel, fier de sa grandeur,

Avec dédain foulant la terre,

Vainement cherche le bonheur,

Il ne saisit qu'une chimère ;

Tous ses plaisirs sont corrompus,

Des vices le torrent l'emporte :

Veut-il connaître les vertus ?   (*bis.*)

Il n'a qu'à franchir cette porte.   (*bis.*)

Dans ces somptueux bâtiments

Où règne la magnificence,

De Plutus les tristes enfants

Traînent leur pénible existence ;

On voit au sein de leurs palais

De flatteurs une vile escorte,

La bassesse y trouve un accès : (*bis.*)
Ici, nous lui fermons la porte. (*bis.*)

Un vrai Maçon, bon citoyen,
Chérit son frère et sa Patrie,
Pour eux il donnerait son bien,
Pour eux il donnerait sa vie :
A montrer qu'il est généreux
Jamais il n'attend qu'on l'exhorte ;
Jamais non plus le malheureux (*bis.*)
Ne frappa deux fois à sa porte. (*bis.*)

Le front couronné de lauriers,

Ivres de succès et de gloire,

Vingt ans nos généreux guerriers

Ont su maîtriser la victoire !

Au temple d'immortalité

On vit s'avancer leurs cohortes,

La Patrie et la Liberté   (*bis.*)

Leur en avaient ouvert les portes.   (*bis.*

CANTIQUE VIII.

Air : A soixante ans il ne faut pas remettre.

Quel beau moment, quelle heureuse journée,
Dont rien ne peut égaler la splendeur !
A ses penchants notre âme abandonnée
D'un plaisir pur savoure la douceur :   (bis.)
Du vieux SAINT JEAN [1] c'est aujourd'hui la fête,

1 Patron de l'Ord∴ Maç∴

Jusqu'à la gueule il faut charger, morbleu !   (*bis.*)

Faisons un bruit pareil à la tempête,

Mais bien ensemble et sans faire long-feu.   (*ter.*)

Vous que la voix du malheur importune,

Soyez humains, c'est là le vrai bonheur ;

De vos pareils soulagez l'infortune,

En leur ouvrant vos bras et votre cœur :   (*bis.*)

De ce tableau si l'aspect peut vous plaire,

Sans plus tarder accourez en ce lieu,   (*bis.*)

Et vous verrez, s'il faut aider son frère,

Qu'un vrai Maçon ne fait jamais long-feu.   (*ter.*)

Braves soldats, fiers enfants de la France,

Vainqueurs cent fois de cent peuples divers !!!

Vous dont le sort a trahi la vaillance,

Votre désastre étonna l'Univers !   (*bis.*)

Sans les succès dus à la perfidie,

Votre ennemi n'avait pas très-beau jeu,   (*bis.*)

C'est en trichant qu'il gagna la partie ;

Mais vos canons ne firent pas long-feu.   (*ter.*)

Guerriers d'amour qu'un doux transport enflamme.

De vos exploits, ah ! soyez moins jaloux,

Vous que l'on voit rengaîner votre lame

Après avoir frappé les premiers coups ;   (*bis.*)

A tout Maçon sachez donc rendre hommage :

De vous, Messieurs, nous différons un peu ; (*bis.*)

4

En combattant s'accroit notre courage,
Et nos Canons ne font jamais long-feu.   (*ter.*)

Que je voudrais, dans l'ardeur qui m'anime,
Et quand mon luth rend encor quelques sons,
Chanter l'éclat de cet Ordre sublime,
Et les vertus dont brillent les Maçons :   (*bis.*)
Oui, je pourrais chanter toute ma vie,
Je le pourrais.... mais je ne sais quel Dieu   (*bis.*)
Vient arrêter l'essor de mon génie,
Et malgré moi ma Muse fait long-feu.   (*ter.*)

CANTIQUE IX.

Musique du F.·. Constantin LONGUET, notée n° 2.

Maçons que cette auguste enceinte
Offre à mes regards satisfaits,
Goûtons une volupté sainte,
De nos divins statuts célébrons les bienfaits : (*bis.*)

Aux humains, servant de modèles,

Fuyons un monde dissolu,

Chérissons toujours la vertu, (bis.)

Et sachons lui rester fidèles.

Du Maçon l'âme est agrandie,

Il brave les destins divers,

Le Monde... voilà sa Patrie !

Il ne craint que le Dieu qui créa l'Univers : (bis.)

Aux humains, servant de modèles,

Fuyons un monde dissolu,

Chérissons toujours la vertu, (bis.)

Et sachons lui rester fidèles.

Le malheureux, dans la détresse,
Reçoit nos soins consolateurs ;
Les dons de l'aveugle Déesse
Jamais des fils d'HIRAM n'ont corrompu les cœurs *(bis.)*

Aux humains, servant de modèles,
Fuyons un monde dissolu,
Chérissons toujours la vertu,   *(bis.)*
Et sachons lui rester fidèles.

Les tourments cruels de l'envie
Chez les Maçons n'ont point d'accès :
Nous rendons hommage au Génie,
Et des talents d'autrui nous vantons les succès *(bis.)*

Aux humains servant de modèles,

Fuyons un monde dissolu ;

Chérissons toujours la vertu,   (bis.)

Et sachons lui rester fidèles.

Jamais une basse vengeance

Du Maçon ne souilla les jours ;

Il sait oublier une offense,

Tandis que d'un bienfait il se souvient toujours (bis.)

Aux humains, servant de modèles,

Fuyons un monde dissolu :

Chérissons toujours la vertu,   (bis.

Et sachons lui rester fidèles.

Vains honneurs que la foule encense,

Hochets d'un imbécile orgueil,

Sots préjugés de la naissance,

Aux pieds de nos Autels vous trouvez votre écueil (bis.)

Aux humains servant de modèles,

Fuyons un monde dissolu ;

Chérissons toujours la vertu,   (bis.

Et sachons lui rester fidèles.

CANTIQUE X.

Air : C'est l'amour, l'amour, l'amour.

Chers amis, rions, chantons,
    La vie
    Est sitôt finie !
Que le bruit de nos Canons
Se mêle à nos chansons.

A sillonner la mer profonde
Un fou mettant tout son bonheur,
Va se geler au bout du monde
Ou se rôtir sous l'équateur...

    Mais si la mort lui crie :
    Halte-là ! ne cours plus,
    Il donne à sa Patrie
    Des regrets superflus.

    Chers amis, rions, chantons,
        La vie
        Est sitôt finie !
    Que le bruit de nos CANONS
    Se mêle à nos chansons.

Des enfants chéris de Bellone,

Ah ! n'envions pas les succès

Car trop fragile est la couronne

Qui récompense leurs hauts-faits :

La noire Calomnie

Suit les pas du guerrier,

Les serpents de l'Envie

S'enlacent au laurier.

Chers amis, rions, chantons,

La vie

Est sitôt finie !

Que le bruit de nos Canons

Se mêle à nos chansons.

Souvent un sot que rien ne lasse,

Qu'on humilie impunément,

En rampant arrive à la place

Où devait siéger le talent !...

    Il a des équipages,

    Il obtient du crédit,

    Et reçoit les hommages

    Qu'on rend... à son habit.

Chers amis, rions, chantons,

    La vie

    Est sitôt finie !

Que le bruit de nos CANONS

Se mêle à nos chansons.

Au temps de l'ardente jeunesse

Qui dure, hélas ! si peu de jours,

Celui-là suit avec ivresse

L'essaim perfide des amours :

    Du bonheur qu'il éprouve

    Il chante les appas ;

    Mais bien souvent il trouve...

    Ce qu'il ne cherchait pas.

    Chers amis, rions, chantons,

        La vie

      Est sitôt finie !

    Que le bruit de nos CANONS

    Se mêle à nos chansons.

Cet autre, tout plein d'arrogance,

Nous dit sans cesse avec hauteur

Qu'il a reçu de la naissance

Et les vertus et la grandeur :

De sa race brillante

Il dément le destin

Les vertus qu'il nous vante

Ne sont.... qu'en parchemin.

Chers amis, rions, chantons,

La vie

Est sitôt finie !

Que le bruit de nos Canons

Se mêle à nos chansons.

Jamais un monde si frivole,

Frères, n'a pu nous asservir,

Du plaisir il offre l'idole,

Mais on cherche en vain le plaisir :

    Sans efforts et sans peines

    Ce monde est oublié,

    Nous n'aimons que les chaines

    Qu'impose l'amitié ;

    Puis en chœur nous répétons :

        La vie

        Est sitôt finie !

    Que le bruit de nos Canons

    Se mêle à nos chansons.

CANTIQUE XI.

Air : Le cœur à la danse, un rigodon zigzag.

Des vertus et de la raison
    C'est bien ici le Temple,
De la paix et de l'union
    Tout nous offre l'exemple :
Que les échos de ces lieux
Redisent nos chants joyeux !

Enfants de la Lumière,
Sachons seconder ses progrès,
Et que la terre entière
Ressente ses bienfaits.

Chœur.

Que l'esclave toujours tremblant,
Courbant son front servile,
D'un maître aussi vil qu'arrogant
Aille assiéger l'asile....
Loin de cet antre infecté,
Nous chantons l'Égalité....

Enfants de la Lumière,
Sachons seconder ses progrès,
Et que la terre entière
Ressente ses bienfaits.

Chœur.

De la consolante amitié
    Nous savourons les charmes,
Chez nous la voix de la pitié
    Toujours trouva des larmes.
De compatir au malheur
Nous connaissons la douceur....

    Enfants de la Lumière,
Sachons seconder ses progrès,
    Et que la terre entière
    Ressente ses bienfaits.
Chœur.

Celui dont le cœur généreux
    Bat au nom de Patrie
Reçoit ici les dons heureux

5

De la Maçonnerie ;
Mais le traître à son pays
Parmi nous n'est point admis....

Enfants de la Lumière,
Sachons seconder ses progrès,
Et que la terre entière
Ressente ses bienfaits

Chœur.

Le Temps, rapide en son chemin,
Frappe comme la foudre ;
Sous les coups de son bras d'airain
Il réduit tout en poudre !!!
Mais sur ces vastes débris
Nos Acacias sont fleuris....

Enfants de la Lumière,
Sachons seconder ses progrès,
Et que la terre entière
Ressente ses bienfaits.

Chœur.

Dans sa folle stupidité,
Nous voyons le Vulgaire
Douter de la réalité
Du feu qui nous éclaire !
A ce Vulgaire si vain
Répondons par ce refrain :

Enfants de la Lumière,
Sachons seconder ses progrès,
Et que la terre entière
Ressente ses bienfaits.

Chœur.

CANTIQUE XII.

Air du Dieu des bonnes gens.

Qu'ai-je entendu ! quels transports unanimes
Ont éveillé les échos de ces lieux ;
Chacun de nous en ces moments sublimes
Voit le bonheur briller dans tous les yeux !...
Toi qui, d'un mot, as créé la Lumière,
Laisse un regard tomber sur tes enfants,

Étends sur nous une main tutélaire

  Et souris à nos chants.   *(bis.)*

Fantômes vains que la folie adore,

Plaisirs trompeurs que la foule poursuit.

Vous ressemblez au léger météore

Qui brille et meurt dans le sein de la nuit...

Fuyez d'ici, prestiges du Vulgaire,

De votre éclat nous sommes peu jaloux ;

La vertu seule a le droit de nous plaire

  Et de régner sur nous.   *(bis.)*

Loin des erreurs qui gouvernent le monde.

Le sage en vain chérit l'obscurité :

On trouble aussi sa retraite profonde,

On lui ravit sa douce liberté....

De noirs complots innocente victime,

Sur son destin nous pleurons avec lui....

Du malheureux que l'injustice opprime

  Le Maçon est l'appui.   *(bis.)*

Dans les périls, si la patrie en larmes

Sous ses drapeaux appelle les guerriers,

Le vrai Maçon, méprisant les alarmes,

A l'Acacia court unir les Lauriers :

Le front couvert d'une noble poussière ,

Son fer sanglant dévore les soldats :

Mais dans leurs rangs qu'il aperçoive un Frère....

  Il vole entre ses bras.   *(bis.)*

De nos autels toi qui veux la ruine.

En vain ta rage atteint et détruit tout,

Du monde entier dût crouler la machine.

Sur ses débris tu nous verrais debout !!!

Oui, l'Acacia bravera la tempête :

Autour de lui quand tout vole en éclats

Pour un instant il peut courber sa tête :

       Mais il ne rompra pas.

Quoi ! sous ses coups l'affreuse calomnie

Verrait tomber l'asile des vertus !

Par les méchants l'Humanité bannie

Ne pousserait que des cris superflus !...

Ah ! si jamais une injuste Puissance

Portait sur nous ses coupables fureurs.

Du Feu Sacré que la divine essence

Reste au fond de nos cœurs. (bis.)

CANTIQUE XIII.

POUR L'INITIATION.

Musique du F∴ René Longuet, notée n° 3.

Ordonnateur des sphères
Qui roulent dans les cieux,
Ecoute nos prières
Daigne exaucer nos vœux!

Dans ce moment suprême,
Au cœur de notre élu,
Grand Dieu, grave toi-même
L'amour de la vertu !

Dans la noble carrière
Qui s'ouvre à ses regards,
Quand, pour lui, la Lumière
Jaillit de toutes parts :
Que son âme, embrasée
De ses divins rayons,
Comprenne la pensée
Qui guide les Maçons !

APPENDICE.

COUPLETS MAÇONNIQUES.

Musique du F∴ Rossy, notée n° 4.

Aimable paix de la terre exilée,

Toi que j'invoque en cet auguste jour,

Descends des cieux par nos vœux rappelée,

Dans nos parvis viens fixer ton séjour !   (*bis.*)

Ah ! dans ton sein que chacun se rallie,

Chez les Maçons il n'est pas d'ennemis.

J'entends ta voix, c'est elle qui nous crie :

Enfants d'Hiram, soyez toujours unis !   (*bis.*)

Oui, je le sens, tout homme est notre frère ;

Oui, comme à nous, la terre est son berceau :

Le temps s'enfuit, nous passons, et la terre

Nous réunit dans un commun tombeau.   (*bis.*)

Ah ! de la haine abjurant la folie,

Coulons en paix des jours sitôt finis.

J'entends sa voix, la sagesse nous crie :

Enfants d'Hiram, soyez toujours unis !   (*bis.*)

Faibles roseaux, jouets de la tempête,

Nous serons forts une fois rassemblés :
C'est à ce jour que, levant notre tête,
Ils pâliront... les méchants consternés.   *bis.*
Que pour jamais la chaine qui nous lie
Nous réunisse en ses triples replis.
J'entends sa voix, la prudence nous crie :
Enfants d'Hiram, soyez toujours unis !   *bis.*

Contre nous Rome a conjuré l'orage :
Je vois partout l'épouvante et la mort.
Acacia ! pressés sous ton feuillage,
Des éléments nous braverons l'effort ;   *bis.*
Mais si pour nous c'en est fait de la vie,
Mourons du moins au sein de nos amis.

J'entends sa voix ; oui, l'amitié nous crie :

Enfants d'Hɪʀᴀᴍ, soyez toujours unis !   (bis.)

Le F∴ C∴ Lᴇʙᴀʀɪʟʟɪᴇʀ.

J'entends sa voix ; oui, l'amitié nous crie :

Enfants d'Hɪʀᴀᴍ, soyez toujours unis !   (bis.)

L'AMOUR, LA PAIX ET LA FRATERNITÉ

CANTIQUE

COMPOSÉ A L'OCCASION DE LA SAINT-JEAN, CÉLÉBRÉE A
LA ▭ DE THÉMIS, O∴ DE CAEN, LE 6ᵉ JOUR
DU 11ᵉ MOIS DE L'AN 5857.

Air du Grenier, de Béranger.

Ce soir, ici, qui fêtons-nous, mes frères?
Un saint banal... pris au calendrier ?

En quel honneur faut-il vider nos verres?

Pour quel béat? Grégoire ou bien Janvier?

Oh! que non pas! Fidèle au vieil usage,

Le vrai Maçon, dans sa simplicité,

Chante à plein cœur, moins dévot et plus sage,
L'Amour, la Paix et la Fraternité.   (bis.)

Chantons l'Amour : l'Amour de la Patrie,

L'amour de Dieu, l'Architecte Divin,

L'amour de l'être à qui l'on doit la vie,

L'amour des fleurs et celui du bon vin ;

Et dans nos rangs, ou règne la franchise,

De ces amours le culte est respecté,

Car tout convive a choisi pour devise :

L'Amour, la Paix, et la Fraternité.   (bis.)

Chantons la Paix, la douce paix de l'âme.
Pour l'obtenir il est un sûr moyen :
Aimer, servir, aider qui nous réclame,
Craindre le Mal et rechercher le Bien !
A tout Maçon... ce moyen est facile,
Si dans son cœur, riche de charité,
Il voit briller, rayons de l'Évangile,
L'Amour, la Paix et la Fraternité.   (bis.)

Fraternité ! que de sang sur la terre,
En ton saint nom, par torrents a coulé !
Et le plus pur a rougi le calvaire,
Quand l'homme-Dieu pour toi fut immolé !
Martyrs aussi, les Maçons par le monde,
Avant le Christ, les premiers ont planté

Et fait germer, en semence féconde,

L'Amour, la Paix et la Fraternité.   (*bis.*)

                    Le F∴ E∴ F∴

BENEDICITE.

Air : *Aussitôt que la lumière.*

Elevons une âme pure
A notre divin auteur,
Amis, et dans la nature
Admirons son Créateur ;
Chantons le Grand Architecte
Qui jeta ses fondements,

Qui forma l'homme et l'insecte,
Et ses vastes éléments.

Ce fut ce puissant génie,
Qui du chaos ténébreux
Fit éclore l'harmonie
De ces globes lumineux,
Qui, sous sa céleste voûte,
Plaça ces mondes divers,
Et l'astre qui, dans sa route,
Féconde cet univers.

A te rendre nos hommages

Qu'ici nous trouvons d'attraits !

Grand Dieu ! chanter tes ouvrages,

C'est retracer tes bienfaits ;

Sans cesse ta main féconde

Sous nos yeux les reproduit ;

Si de fruits la terre abonde,

C'est elle qui l'enrichit.

Reconnais, père adorable (1),

A nos respects tes enfants ;

Vois-les d'un œil favorable,

Se nourrir de tes présents :

(1) En général on ne chante que ce couplet à l'ouverture des banquets maç∴

De ce banquet qui s'apprête
Bénis les mets en ce jour,
Daigne honorer cette fête
D'un regard de ton amour.

Sois propice à nos mystères,
O toi que nous célébrons (1) :
Porte à ce Dieu les prières
De tes zélés nourrissons;
Attachés à tes exemples,
Sollicitant sa bonté,
Nos mains n'élèvent des temples
Qu'à l'auguste Vérité.

(1) Saint Jean-Baptiste

CANTIQUE DE CLOTURE.

Air connu.

Frères et compagnons
De la Maçonnerie,
Sans chagrin jouissons
Des plaisirs de la vie.
Munis d'un rouge bord,

Que par trois fois un signal de nos verres
Soit une preuve que d'accord
Nous buvons à nos Frères.

Le monde est curieux
De savoir nos ouvrages ;
Mais tous nos envieux
N'en seront pas plus sages.
Ils tâchent vainement
De pénétrer nos secrets, nos mystères :
Ils ne sauront pas seulement
Comment boivent les Frères.

Ceux qui cherchent nos mots,

Se vantent de nos signes,

Sont du nombre des sots,

De nos soucis indignes.

C'est vouloir de leurs dents

Prendre la lune dans sa course altière

Nous-mêmes serions ignorants.

Sans le titre de Frère.

On a vu de tout temps,

Des monarques, des princes,

Et quantité de grands,

Dans toutes les provinces,

Pour prendre un tablier,

Quitter sans peine leurs armes guerrières,

Et toujours se glorifier

D'être connus pour Frères.

L'antiquité répond

Que tout est raisonnable,

Qu'il n'est rien que de bon,

De juste et vénérable,

Dans les Sociétés

Des vrais Maçons et légitimes Frères :

Ainsi buvons à leur santé,

Et vidons tous nos verres.

Joignons-nous main en main :

Tenons-nous ferme ensemble :

Rendons grâce au destin

Du nœud qui nous assemble,

Et soyons assurés

Qu'il ne se boit sur les deux hémisphères

Point de plus illustres santés

Que celles de nos Frères (1).

(1) On ne dit communément que le premier et le dernier couplet du cantique, et tous les assistants répètent en chœur les quatre derniers vers.

ESSAI HISTORIQUE

SUR LA

FRANC-MAÇONNERIE

A CAEN.

ESSAI HISTORIQUE

SUR LA

FRANC-MAÇONNERIE

A CAEN.

La première Loge Maçonnique dont l'établissement en France soit historiquement prouvé, est celle que la Grande Loge de Londres institua à Dunkerque, en 1721, sous le titre de l'*Amitié et la Fraternité*. Paris n'en posséda qu'en 1725. A partir de ce moment le nombre des Loges s'accrut avec rapidité.

Nous trouvons dans un journal littéraire, publié à Caen, en 1740, qu'à cette époque il était question d'en établir une dans cette ville ; mais elle n'était pas encore fondée, puisque la feuille que nous venons de citer, le *Trésor de Littérature*, en imprimant une *Apologie des Francs-Maçons*, se croit obligée de faire suivre d'une explication le titre de la pièce, auquel elle ajoute : *espèce de société en Angleterre*, ce qui prouve que la Maçonnerie était encore fort peu connue.

Cette apologie fut goûtée. Elle sortait de la plume du médecin, auteur dramatique, Procope, et renfermait quelques beaux vers (1) :

> Les gens de notre Ordre toujours
> Gagnent à se faire connaître,
> Et je prétends par mes discours
> Inspirer le désir d'en être.
>
> . . . .
>
> Chez nous règne une liberté
> Toujours soumise à la décence,
> Nous y goûtons la volupté,
> Mais sans que le ciel s'en offense :

(1) L'*Apologie des Francs-Maçons*, de Procope, a été insérée depuis dans plusieurs ouvrages sur la Maçonnerie, notamment dans l'*Ordre des Francs-Maçons trahi*, etc. Amsterdam, 1752.

Quoiqu'aux yeux du public nos plaisirs soient secrets,
Aux plus austères lois l'Ordre sait nous astreindre ;
   Les Francs-Maçons n'ont point à craindre
   Ni les remords, ni les regrets.

Au commencement de l'année 1741, la Loge de Caen était constituée. Une lettre, en date du 1er avril, adressée à l'éditeur des *Nouvelles Littéraires*, en fait foi.

Presque aussitôt les attaques commencèrent contre elle. On cria que ses membres étaient des déistes, des débauchés, des athées ; d'autres en firent des alchimistes et des souffleurs, enfin on chercha à les tourner en ridicule.

Les professeurs du Collége du Bois, à la suite d'une représentation de *Rhadamiste et Zénobie*, donnée par leurs élèves, le 2 août, firent exécuter un ballet comique, dans lequel était figuré, selon eux, le cérémonial qui s'accomplit à la réception d'un Maçon ; la pièce commençait par une leçon que donnait un maître à danser à un élégant. Survenaient un bourgmestre hollandais et sa fille,

qui entraient par une marche burlesque et allaient
s'asseoir au fond du théâtre. Un Espagnol parais-
sait alors, suivi de son valet, et faisait au maître
à danser et à son élève qui tous deux étaient ini-
tiés des signes Maçonniques qu'ils lui rendaient.
Ces trois personnages se jetaient ensuite dans les
bras l'un de l'autre et se donnaient le baiser fraternel. Ce spectacle excitait la curiosité du Hollandais ; il quittait sa place et venait observer
les gestes que faisaient les Frères. Ceux-ci, le pre-
nant pour l'un des leurs, lui faisaient également
les signes, qu'il répétait d'une façon grotesque et
de manière à laisser voir qu'il n'y comprenait
rien. On lui proposait de se faire initier ; il y con-
sentait avec empressement. En conséquence l'Espagnol ordonnait à son valet de tout préparer
pour la réception, et le Hollandais faisait retirer
sa fille, qui courait se placer à une fenêtre, pour
voir de là tout ce qui allait se passer. Bientôt
avait lieu la réception. Lorsqu'elle était achevée
et que tous les objets qui y avaient servi avaient

été enlevés, le Hollandais rappelait sa fille, qui, à la stupéfaction générale, entrait en scène en imitant les signes et le cérémonial dont elle avait été témoin. Les Frères manifestaient le plus vif déplaisir de voir leurs secrets ainsi parvenus à la connaissance d'une femme : mais ils ne tardaient pas à en prendre philosophiquement leur parti ; l'Espagnol demandait en mariage la fille du bourgmestre ; et le consentement arrété, les deux futurs époux dansaient un pas comique auquel ils mêlaient des signes de Francs-Maçons.

Les Francs-Maçons de Caen furent les premiers à rire de cette platitude, et ils se consolèrent en pensant que les jésuites avaient joué précédemment, sur leur théâtre du collége du Mont, l'*Évêque de Bayeux et l'Université*.

Quelques jours après la représentation de cette mauvaise farce, parut sous le titre de *Statuts et Réglement de la Société des Free-Maçons*, une brochure qui n'avait assurément pas pour auteur un membre de la Société, mais qui, tout en amoindrisssant sa valeur en certains points, lui rendait justice la plupart du temps.

Une autre brochure qui eut un grand retentissement vit le jour en 1743, elle était intitulée *Zéphir-Artillerie* ou la *Société des Francs-P......*, —par respect pour nos lecteurs nous n'osons pas lâcher le mot, quoique Fréron, qui lui consacra un article louangeur, l'ait fait sans scrupule (1).— Son auteur s'appelait Le Corvaisier, il était membre associé de l'Académie de Caen (2) ; et nous

(1) *Année Littéraire*, 1756, t. I, p. 344. La *Société des Francs P.....* de Caen n'était pas une Société supposée : « C'était, dit Fréron, une « coterie de jeunes gens qui s'avisèrent d'imaginer cet ordre, pour « jeter sans doute du ridicule sur celui des Francs-Maçons, qui avait « alors la plus grande vogue en France, et particulièrement dans la « capitale de la Basse-Normandie. Plusieurs de ceux qui composaient « cette bruyante Société vivent encore et peuvent garantir cette « époque. »

Fréron se trompe ; l'auteur de la brochure proteste lui-même contre la pensée qu'on pourrait prêter à ses amis d'avoir voulu parodier la Franc-Maçonnerie.

(2) Pierre-Jean Le Corvaisier, né à Vitré, le 22 août 1719 ; il fit une partie de ses études à Caen et y publia plusieurs opuscules. Plus

soupçonnons fort qu'il était aussi Franc-Maçon et qu'il chercha en plaisantant à mettre les rieurs du côté de ses confrères. Dans une mauvaise rapsodie en vers donnée récemment sous le même titre (1), on a attribué cet opuscule au frère du jésuite Porée, à l'auteur de la *Mandarinade* et de *don Ranuccio d'Alétès;* c'est encore une erreur à joindre à toutes celles que renferme cette triste élucubration.

Quelques pièces de vers pour ou contre les Francs-Maçons furent aussi publiées dans le même temps.

Nous ne trouvons pas de trace de l'existence de la Franc-Maçonnerie dans notre pays de 1743 à

tard, il habita Angers et devint secrétaire perpétuel de l'Académie de cette ville où il mourut le 12 août 1758. Le Corvaisier est désigné comme auteur de *Zéphir-Artillerie*, non-seulement dans l'éloge qui fut fait de lui par l'abbé Rangeard, en 1761, et qui fut inséré à cette époque dans l'*Année Littéraire*, mais aussi dans le *Dictionnaire des Anonymes* de Barbier, et dans la *France Littéraire* de Quérard.

(1) Les *Francs-P.....,* *poëme en quatre chants, précédé d'un aperçu historique sur la Société,* etc. Caen, Poisson, 1833, in-18.

1770. Il faut croire cependant qu'elle y avait fait de grands progrès, puisqu'elle s'était propagée dans les villes voisines et que les missionnaires l'attaquaient en chaire. Un Eudiste nommé Beurrier ayant prêché, le 1er décembre 1770, dans l'église de la Sainte-Trinité à Falaise, un sermon contre les Francs-Maçons, et ayant qualifié l'institution de « criminelle, comme étant contraire « à la Religion, à l'État et à la Raison » *le Maître de la Loge de Saint-Augustin, de la Parfaite-Union* de Falaise, répondit par une lettre imprimée où brille toute la modération d'un homme qui a pour lui le bon droit, tout le bon sens d'un homme de bien et tout l'esprit d'un écrivain distingué.

Nous ignorons le nom des premières Loges Maçonniques de Caen. La plus ancienne constitution que nous connaissions est celle de *Saint-Jean-de-Thémis ;* elle date du mois de novembre 1773.

En 1785, Caen possédait, outre *Saint-Jean-de-Thémis*, trois autres Loges qui étaient en relation d'amitié avec elle : *l'Union et Fraternité*, fondée en 1778 ; *les Cœurs-sans-Fard*, et la *Constante-Fabert*, cette dernière était composée de militaires. Les réunions avaient lieu dans un local, rue Bosnière (1) ; dans la maison qui est encore consacrée au même usage, rue de la Poste ; au Château ou à l'hôtel du Vénérable. Il fut un moment question d'établir *Thémis* dans le couvent des anciens Croisiers, mais ce projet ne fut pas mis à exécution.

Il existait aussi une Loge dans le village de Troismonts ; elle s'appelait *l'Union Rurale*. Il y avait, enfin, une Loge d'Adoption présidée par la duchesse d'Harcourt.

L'année 1788 et celles qui la suivirent furent une époque de splendeur pour la Franc-Maçonnerie de Caen. Les principaux gentilshommes et les magistrats les plus influents se firent gloire d'y être affiliés. L'un des premiers, qui devait plus tard s'illustrer à la défense de Thionville, le gé-

(1) Dans les terrains dits du *Pré d'Étrin*.

néral Louis-Félix de Wimpffen, publia un ou-
vrage maçonnique, le *Manuel de Xéfolius* (ana-
gramme du prénom Louis-Félix). Ce livre, écrit
avec facilité et plein de verve, renferme une
morale pure et est l'œuvre d'un penseur profond.

Cependant la Révolution marchait à grands pas.
L'Association Maçonnique, toute de fraternité,
toute de charité, devait s'effacer devant les grands
événements politiques qui se préparaient. En 1792,
les réunions des Loges de Caen n'avaient plus lieu
qu'à de rares intervalles. La présence de l'évêque
du Calvados, le célèbre Fauchet, dont le zèle Maçonnique avait été proverbial, ne parvint même
pas à les galvaniser ; dès 1793, elles avaient cessé
leurs travaux.

Cet état de choses dura pendant toute la Révolution.

Le Consulat ouvrit une ère nouvelle à la Maçonnerie. Le 19 juin 1800, la Loge de la *Constante Amitié* fut constituée, mais elle ne fut in-
stallée qu'en 1801. Elle se composait des débris
des anciennes Loges de Caen, et particulièrement

de la *Constante-Fabert* ; le nom qu'elle prit d'abord fut celui de *Clémente-Amitié*. Cette Loge a compté parmi ses membres un grand nombre d'hommes distingués, entre autres le ministre réformé Sabonadière, le colonel du 10ᵉ dragons Cavaignac, et l'avocat de Guernon-Ranville qui la présida en 1816 et dont le nom appartient aujourd'hui à l'histoire. Il était ministre de Charles X en 1830.

Dans les premières années du règne de Louis-Philippe, la *Constante-Amitié* se fondit avec *Saint-Jean-de-Thémis*, dont la réorganisation avait eu lieu en 1802.

Celle-ci s'était placée dès l'abord au premier rang parmi les Loges Françaises, par suite de l'impulsion que lui avait donnée l'avocat-général Avoine de Chantereyne, non moins dévoué Maçon que légiste érudit, qui devint plus tard député de la Manche et premier président de la Cour impériale d'Amiens, et mourut, en 1834, conseiller à la Cour de Cassation.

Le 10 décembre 1805 les deux Loges réunies inaugurèrent, dans la salle où elles tenaient alter-

— 108 —

nativement leurs séances, le buste de l'Empereur ;
la fête avait été organisée par *Thémis* et ce furent
ses orateurs qui y prirent la parole. La séance
fut entièrement consacrée au « vainqueur d'Aus-
« terlitz, à Napoléon-le-Grand, le grand sage de
« la terre, l'exemple des rois et le bienfaiteur
« des nations. » Des vers y furent lus, des chants
y furent exécutés en son honneur. Nous croyons
que le buste de Napoléon que l'on voit encore
aujourd'hui dans la salle des Pas-Perdus de la
Loge Maçonnique de Caen (1) est celui-là même
qui y avait été déposé en 1805. Si le fait est vrai,
nous devons le considérer non-seulement comme
une singularité, après tous les événements que
nous avons eu à traverser, mais aussi comme une
preuve de la reconnaissance et de la fidélité des
Maçons au culte du souvenir, puisque de tous.

(1) Puisque nous parlons du buste qui orne la salle des Pas-Perdus,
buste qui est d'une belle exécution, nous signalerons en même temps
une fort belle peinture emblématique qui s'y trouve, et qui est signée
C.-P. Landon, 1785.

les souverains, Napoléon Ier est celui qui a le plus travaillé pour la prospérité de leur Ordre.

Pendant toute la durée de l'Empire, les Loges Maçonniques de Caen comptèrent parmi leurs affiliés la plupart des hauts fonctionnaires militaires et un grand nombre de magistrats ; à partir de 1815, ce furent, au contraire des avocats, des commerçants et des médecins qui s'y trouvèrent en majorité. Si sous ce rapport elles perdirent quelque peu de l'influence qu'elles pouvaient avoir, elles y gagnèrent d'un autre côté en recrutant des artistes, des orateurs et des hommes de lettres qui les recommandèrent auprès des gens d'esprit. On se rappelle encore aujourd'hui, les Hymnes des frères Constantin et René Longuet, les discours du frère Bayeux fils et les Cantiques Maçonniques du frère Jouenne qui sont à leur cinquième édition, et sont restés comme un modèle du genre.

Une troisième Loge s'établit à Caen, en 1825, sous le nom de *Trinosophes Neustriens*. Fermée après une existence de quelques années, elle reprit ses séances en 1848 ; elle les a closes de nouveau vers 1851. Pendant ce court réveil, elle a accompli un grand nombre d'actes de bienfaisance.

Quant à la loge de Thémis, son état est toujours prospère. Depuis près d'un siècle, elle se soutient autant par sa forte organisation que par le dévouement de ses membres. Ses œuvres de charité sont toujours nombreuses, toujours intelligentes. On la trouve partout où il y a des souffrances à soulager. Les distributions de secours en nature qu'elle fait chaque année aux indigents de la ville de Caen et qui ont tant contribué à adoucir de pressantes misères et à faire passer aux classes indigentes les mauvais jours des époques les plus difficiles, sont trop connues pour que nous ayons besoin même d'en rappeler le souvenir.

Le F∴ A∴ D∴ T∴

TABLE DES MATIÈRES.

APPENDICE.

CAEN. — IMPRIMERIE EUGÈNE POISSON.

N° 1
Maestoso 
Un feu divin a pénétré mes sens et sous mes doigts ne-gar frémit ma
ly - - re enfans d'Hiram se con-dez mes ac-cents et par-ta - gez mon su-bli - me dé
Mouv de marche
Chœur
li - - re. Chan-tons por-tons jusqu'aux cieux de tri bul con a-mour sin-
cè - - re et plai-gnons ce-lui dont les yeux res-tent fer mes à la lu--
-- miè-re res-tent fer--més à la lu-- miè --- re

N.º 2
All.º Moderato
Ma-çons ...
faits jou-sons u-ne vo-lup-te
faits de nos di-vins sta. tuts cé-lé--brons le.
de les fu-yons un mon-de dis-sa-...
che-ris-sons tou-jours la ver-tu et sa-chons ...
...ein -- te offre a nos regards sens
de nos divins sta-tuts ...détruis les ...
Coeur
Aux humains servant de ...
...ris-sons tou-jours la ver-tu
...t de ... les

Musique du F. René Languet.
Andante religioso.
Or don-na-teur des sphe-res qui rou-lent dans les cieux é-coute nos pri--è---res dai-gne exau-cer daigne exau-cer nos vœux dans ce mo-ment dans ce mo-ment su--prê-me au cœur de notre é--lu grand Dieu gra-ve toi-mê-me l'a-mour de la ver-tu grand Dieu gra-ve toi--mê-me l'a-mour de la ver---tu.

N.° 4
Maestoso
Musique de F. Roussy
Aimable paix de la terre exilée, toi que j'in - vo - que
en cet au-gus - te jour. Descends des cieux par nos vœux rap-pe-lé - e dans nos parvis viens fi - xer ton sé - jour dans nos par - vis viens fi-xer viens fixer ton sé-jour Ah dans ton
sein que cha-cun se ral - li - e, Chez les maçons il n'est pas d'ennemis. J'entends la voix c'est
elle qui nous cri - e Enfants d'Hiram so - yez toujours unis Enfants d'Hiram so - yez tou-jours u - nis.